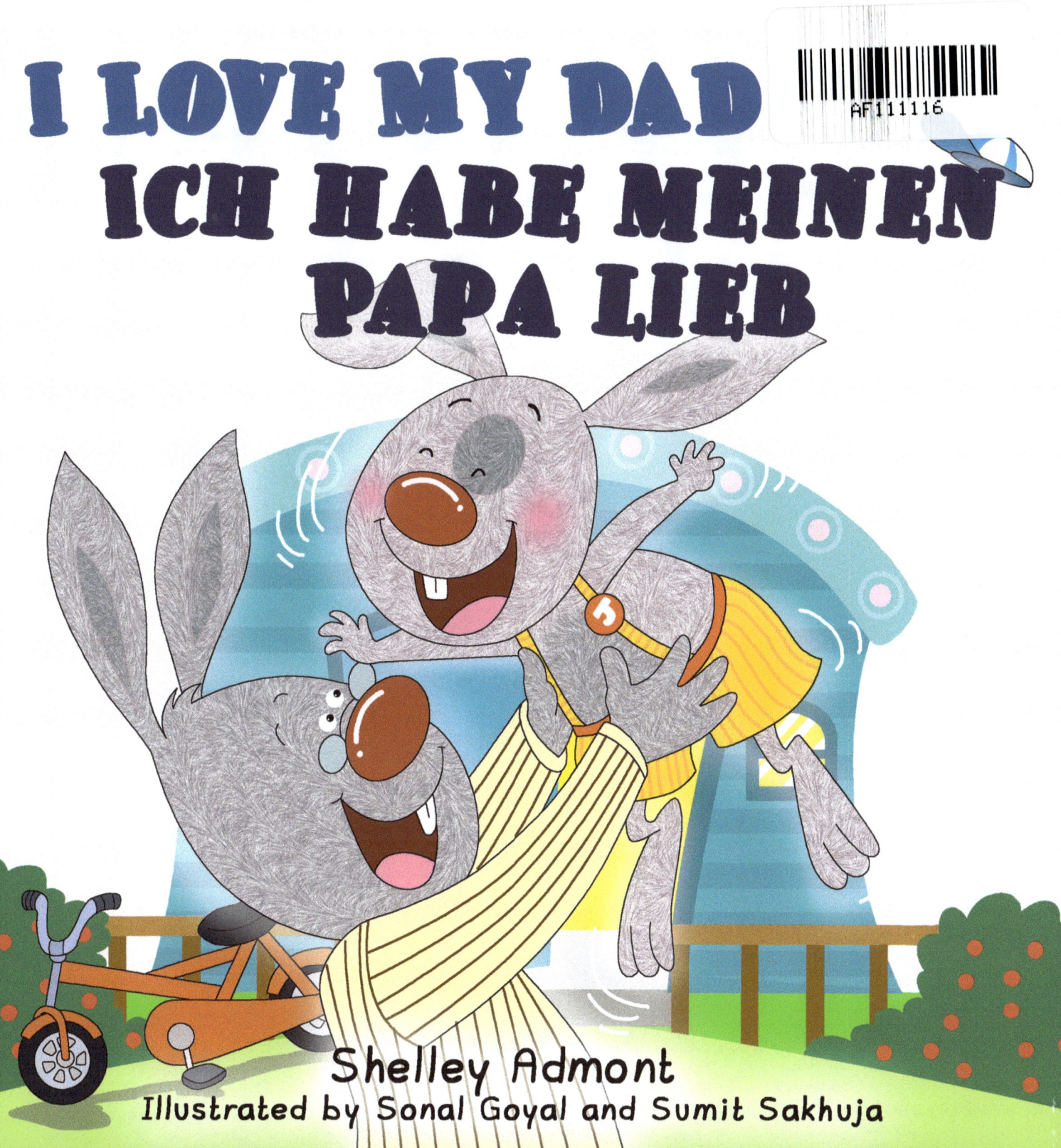

www.kidkiddos.com
Copyright©2014 by S. A. Publishing ©2017 by KidKiddos Books Ltd.
support@kidkiddos.com

All rights reserved. No part of this book may be reproduced in any form or by any electronic or mechanical means, including information storage and retrieval systems, without written permission from the publisher or author, except in the case of a reviewer, who may quote brief passages embodied in critical articles or in a review.

Alle Rechte vorbehalten. Kein Teil dieses Buches darf in irgendeiner Form oder durch irgendwelche elektronischen oder mechanischen Mitteln, einschließlich Informationen Regalbediengeräte schriftlich beim Verlag, mit Ausnahme von einem Rezensenten, kurze Passagen in einer Bewertung zitieren darf reproduziert, ohne Erlaubnis.

Second edition, 2019

Translated from English by Tess Parthum
Aus dem Englischen übersetzt von Tess Parthum

Library and Archives Canada Cataloguing in Publication Data
I love My Dad (German Bilingual Edition)/ Shelley Admont
ISBN: 978-1-5259-1838-4 paperback
ISBN: 978-1-77268-486-5 hardcover
ISBN: 978-1-77268-016-4 ebook

Please note that the German and English versions of the story have been written to be as close as possible. However, in some cases they differ in order to accommodate nuances and fluidity of each language.

For those I love the most- S.A.

Für die, die ich am meisten liebe-S.A.

One summer day, Jimmy the little bunny and his two older brothers were riding their bicycles. Their dad sat in the backyard, reading a book.

Eines Tages im Sommer fuhren Jimmy, der kleine Hase, und seine zwei älteren Brüder gerade mit ihren Fahrrädern. Ihr Papa saß im Garten und las ein Buch.

The two older bunnies laughed loudly as they raced. Jimmy tried to catch up on his training wheel bike.

Die zwei älteren Häschen lachten laut, als sie um die Wette fuhren. Jimmy versuchte, sie auf seinem Rad mit Stützrädern einzuholen.

"Hey, wait for me! I want to race too!" he shouted. But his brothers were too far away and his bike was too small.

„Hey, wartet auf mich! Ich will auch mit um die Wette fahren!", rief er. Aber seine Brüder waren zu weit weg und sein Fahrrad war zu klein.

Soon his brothers returned, giggling to each other. "It's not fair," screamed Jimmy. "I want to ride your big bikes too."

Bald kehrten seine Brüder zurück. Sie kicherten um die Wette. „Das ist nicht fair", schrie Jimmy. „Ich will auch mit euren großen Fahrrädern fahren."

"But Jimmy, you're too small," said his oldest brother.

„Aber Jimmy, du bist zu klein", sagte sein ältester Bruder.

"And you don't even know how to ride a two-wheeler," said the middle brother.

„Und du weißt nicht mal, wie man ohne Stützräder fährt", sagte sein mittlerer Bruder.

"I'm not small!" shouted Jimmy. "I can do everything you can!"

„Ich bin nicht klein!", schrie Jimmy. „Ich kann alles machen, was ihr könnt!"

He ran to his brothers and grabbed one of the bicycles. "Just watch!" he said.

Er rannte zu seinen Brüdern und schnappte sich eines der Fahrräder. „Schaut nur her!", sagte er.

"Be careful!" yelled his oldest brother, but Jimmy didn't listen.

„Sei vorsichtig!", rief sein ältester Bruder, aber Jimmy hörte nicht hin.

Throwing one leg over, he tried to climb the large bike.

Er versuchte, auf das große Fahrrad zu klettern und schwang ein Bein darüber.

His two older brothers burst out laughing.
Seine beiden Brüder brachen in Gelächter aus.

Jimmy jumped on his feet and wiped his muddy hands on his dirty pants.
Jimmy sprang auf und wischte seine schlammigen Hände an seiner schmutzigen Hose ab.

This just caused his brothers to laugh more.
Das brachte seine Brüder nur noch mehr zum Lachen.

"Sorry, Jimmy," said the oldest brother in between laughter. "It's just too funny."
„Entschuldige, Jimmy", sagte sein ältester Bruder lachend. „Es ist einfach zu lustig."

Jimmy couldn't stand it anymore. He kicked the bike and ran home with tears streaming down his face.

Jimmy hielt es nicht mehr aus. Er gab dem Rad einen Tritt und rannte mit tränenüberströmtem Gesicht nach Hause.

Dad watched his sons from the backyard. He closed his book and went towards Jimmy.

Papa beobachtete seine Söhne vom Garten aus. Er klappte sein Buch zu und ging Jimmy entgegen.

"Honey, what happened?" he asked.

„Was ist denn passiert, mein Kleiner?", fragte er.

"Nothing," grumbled Jimmy.

„Nichts", grummelte Jimmy.

Dad smiled and said quietly, "I know what can make you laugh…"

Papa lächelte und sagte ruhig: „Ich weiß, was dich zum Lachen bringen kann…"

"Nothing can make me laugh now," said Jimmy, crossing his arms.

„Nichts kann mich jetzt zum Lachen bringen", sagte Jimmy und verschränkte seine Arme.

"Are you sure?" said Dad and began to tickle Jimmy until he smiled.

„Bist du sicher?", sagte Papa und begann, Jimmy zu kitzeln, bis er lächelte.

Then he tickled him so much that Jimmy started giggling.

Dann kitzelte er ihn so sehr, dass Jimmy anfing zu kichern.

They rolled on the grass, tickling each other until they both laughed loudly.

Sie rollten im Gras herum und krabbelten sich, bis sie beide laut lachten.

Still hiccupping from his hysterical laughter, Jimmy jumped on Dad's lap and hugged him tight.

Noch mit Schluckauf von seinem Lachanfall sprang Jimmy auf Papas Schoß und umarmte ihn fest.

"I was watching you ride your bike," said Dad, hugging him back.

„Ich habe zugeschaut, wie du mit deinem Fahrrad gefahren bist", sagte Papa und drückte ihn.

"And I think you're ready to ride a two-wheeler."

„Und ich glaube, du bist bereit, ein Fahrrad ohne Stützräder zu fahren."

Jimmy's eyes sparkled with excitement. He jumped on his feet. "Really? Can we start now? Please, please, Daddy!"

Jimmys Augen leuchteten vor Aufregung. „Wirklich? Können wir jetzt gleich anfangen?" Er sprang auf. „Bitte, bitte, Papi!"

"Now you need to take a bath," said Dad smiling. "We can start practicing first thing tomorrow morning."

„Jetzt musst du erst mal baden", sagte Papa lächelnd. „Wir können gleich als Erstes morgen früh anfangen zu üben."

After a long bath and a family dinner, Jimmy went to bed. That night he could barely sleep.

Nach einem langen Bad und einem Familienabendessen ging Jimmy ins Bett. In dieser Nacht konnte er kaum schlafen.

He woke up again and again to check if it was morning. As soon as the sun rose, Jimmy ran to his parents' bedroom.

Er wachte immer wieder auf, um zu schauen, ob es schon Morgen war. Sobald die Sonne aufging, rannte er zum Schlafzimmer seiner Eltern.

Jimmy tiptoed towards their bed and gave his father a little shake.

Jimmy schlich auf Zehenspitzen zu ihrem Bett und schüttelte seinen Vater ein wenig.

Dad just turned to the other side and continued snoring peacefully.

Papa drehte sich einfach auf die andere Seite und schnarchte friedlich weiter.

"Daddy, we need to go," Jimmy murmured and pulled off his covers.

„Papi, wir müssen gehen", murmelte Jimmy und zog seine Decke weg.

Dad jumped and his eyes flew open. "Ah? What? I'm ready!"

Papa schnellte empor und riss seine Augen auf. „Ah? Was? Ich bin soweit!"

"Shhhh..." whispered Jimmy. "Don't wake anybody."

„Pssst.....", flüsterte Jimmy. „Weck niemanden auf!"

While the rest of the family was still sleeping, they brushed their teeth and went out.

Während der Rest der Familie noch schlief, putzten sie sich die Zähne und gingen hinaus.

As he opened the door Jimmy saw his orange bike, sparkling in the sun. The training wheels were off.

Als Jimmy die Tür öffnete, sah er sein orangefarbenes Fahrrad in der Sonne glänzen. Die Stützräder waren ab.

"Thank you, Daddy!" he shouted as he ran to his bike.

„Danke, Papi!", schrie er, als er zu seinem Rad rannte.

Dad showed him how to mount it and how to pedal.

Papa zeigte ihm, wie man aufsteigt und in die Pedale tritt.

Let's have some fun!" he said, putting a helmet on Jimmy's head.

„Lass uns Spaß haben!", sagte er und setzte einen Helm auf Jimmys Kopf.

Jimmy took a deep breath, but didn't move.

Jimmy atmete tief ein, bewegte sich aber nicht.

"Umm…" mumbled Jimmy, his voice shaking. "I'm…I'm scared. What if I fall again?"

„Ähm……", murmelte Jimmy mit zitternder Stimme. „Ich…ich habe Angst. Was, wenn ich wieder hinfalle?"

"Don't worry," reassured his dad. "I'll stay close to catch you if you fall."

„Mach dir keine Sorgen", ermutigte ihn sein Papa. „Ich bleibe nahe bei dir, um dich zu fangen, wenn du fällst."

Jimmy hopped on his bike and began pedaling slowly.

Jimmy hüpfte auf sein Fahrrad und begann, langsam in die Pedale zu treten.

When the bike tipped to the right, Jimmy leaned to the left.

Als das Rad sich nach rechts neigte, lehnte Jimmy sich nach links.

Sometimes the little bunny fell down, but he didn't give up – he tried over and over again.

Manchmal fiel er hin, doch er gab nicht auf - er versuchte es immer wieder.

Morning after morning they practiced together

Jeden Morgen übten sie zusammen.

Dad held on while Jimmy wobbled, and eventually the little bunny learned to pedal fast.

Papa hielt ihn fest, während Jimmy schwankte und letztendlich lernte das kleine Häschen, schnell zu strampeln.

Then one day Dad let go and Jimmy could ride all by himself without falling even once!

Dann, eines Tages, ließ Papa los und Jimmy konnte ganz allein radeln, ohne auch nur einmal hinzufallen!

"And I can race too!" exclaimed Jimmy.

„Und ich kann auch um die Wette fahren!", schrie Jimmy.

That day Jimmy raced with brothers.

An diesem Tag fuhr Jimmy mit seinen Brüdern um die Wette.

GUESS WHO WON THE RACE?

RATET MAL, WER DAS RENNEN GEWONNEN HAT!

www.ingramcontent.com/pod-product-compliance
Lightning Source LLC
LaVergne TN
LVHW072130060526
838201LV00071B/5006